oa

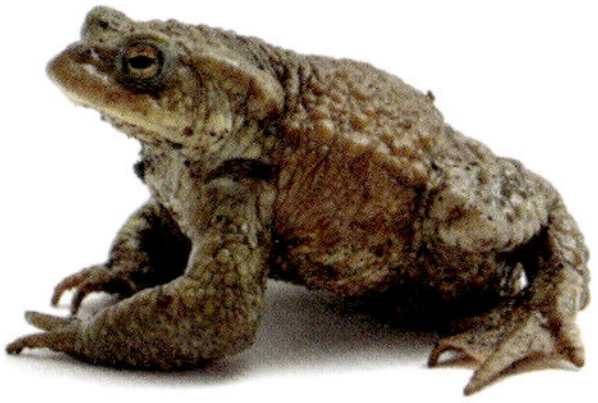

Ransom

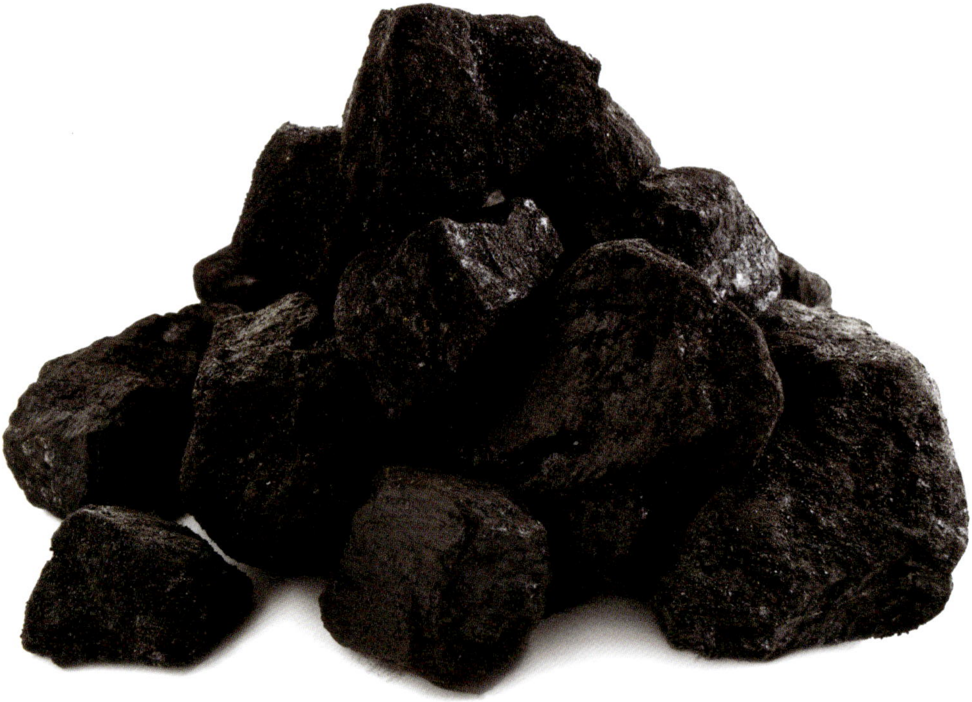

coal

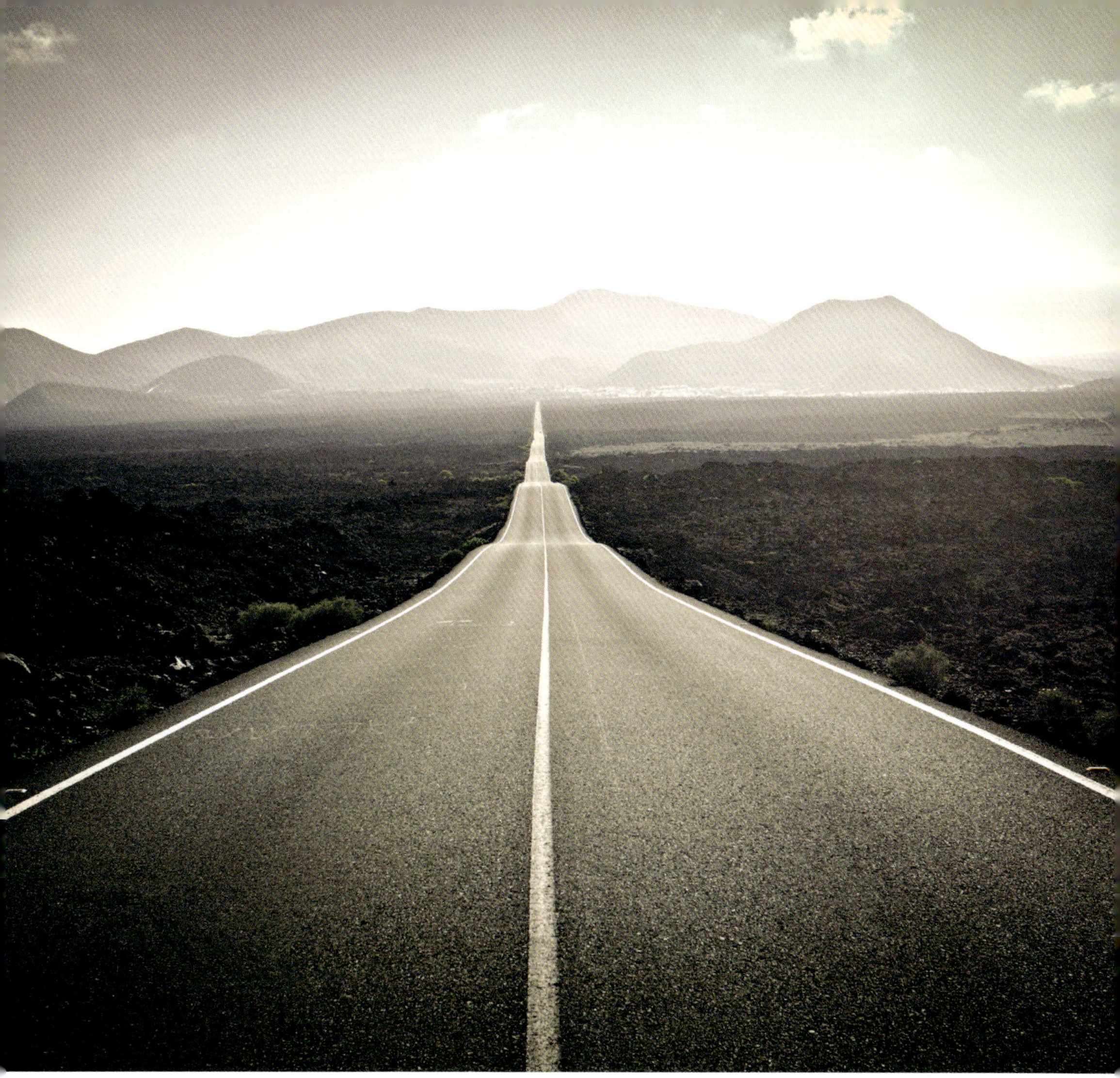

road

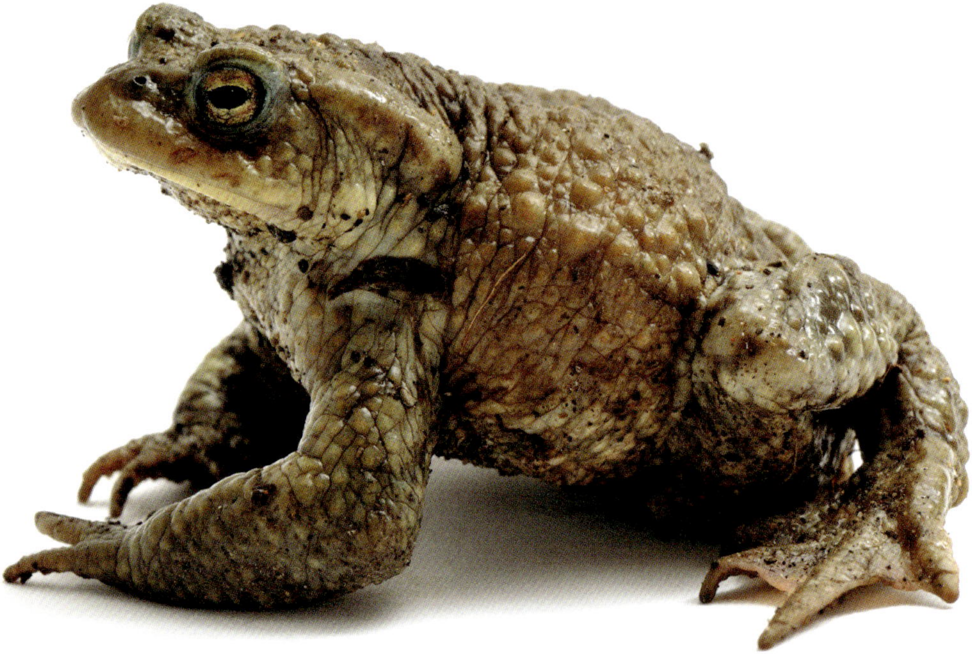

toad

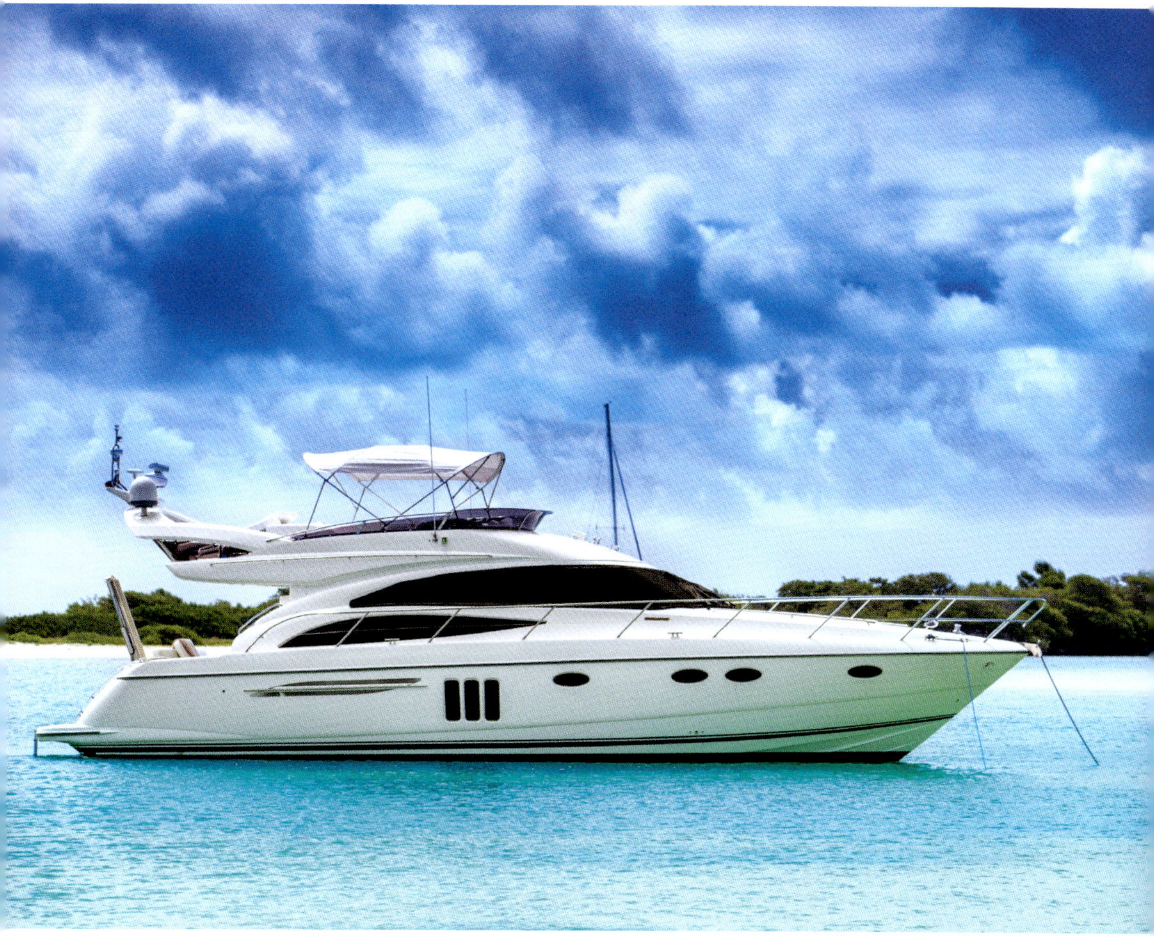

boat

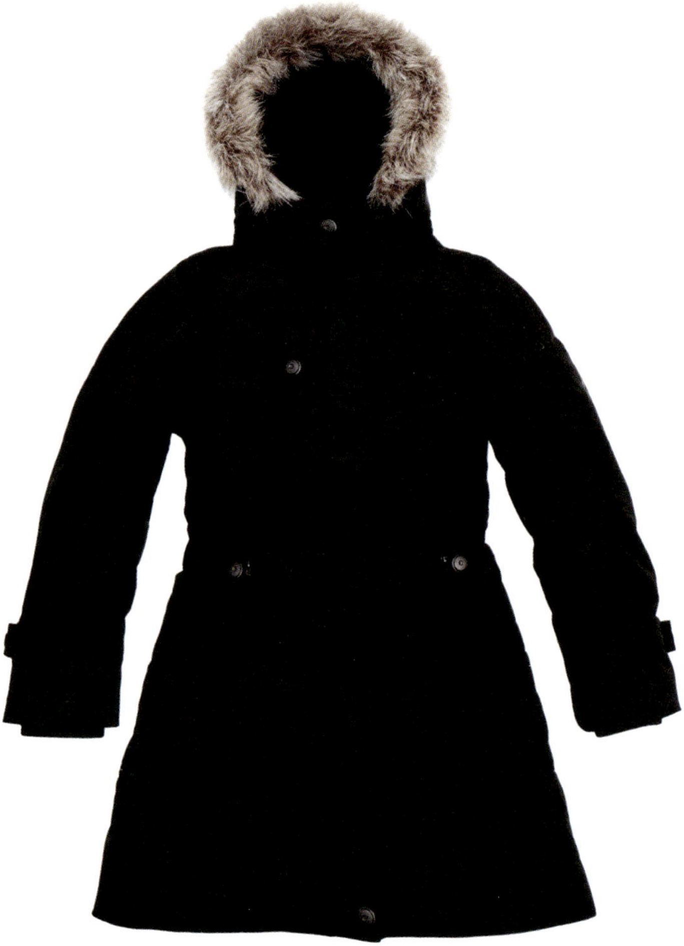

coat

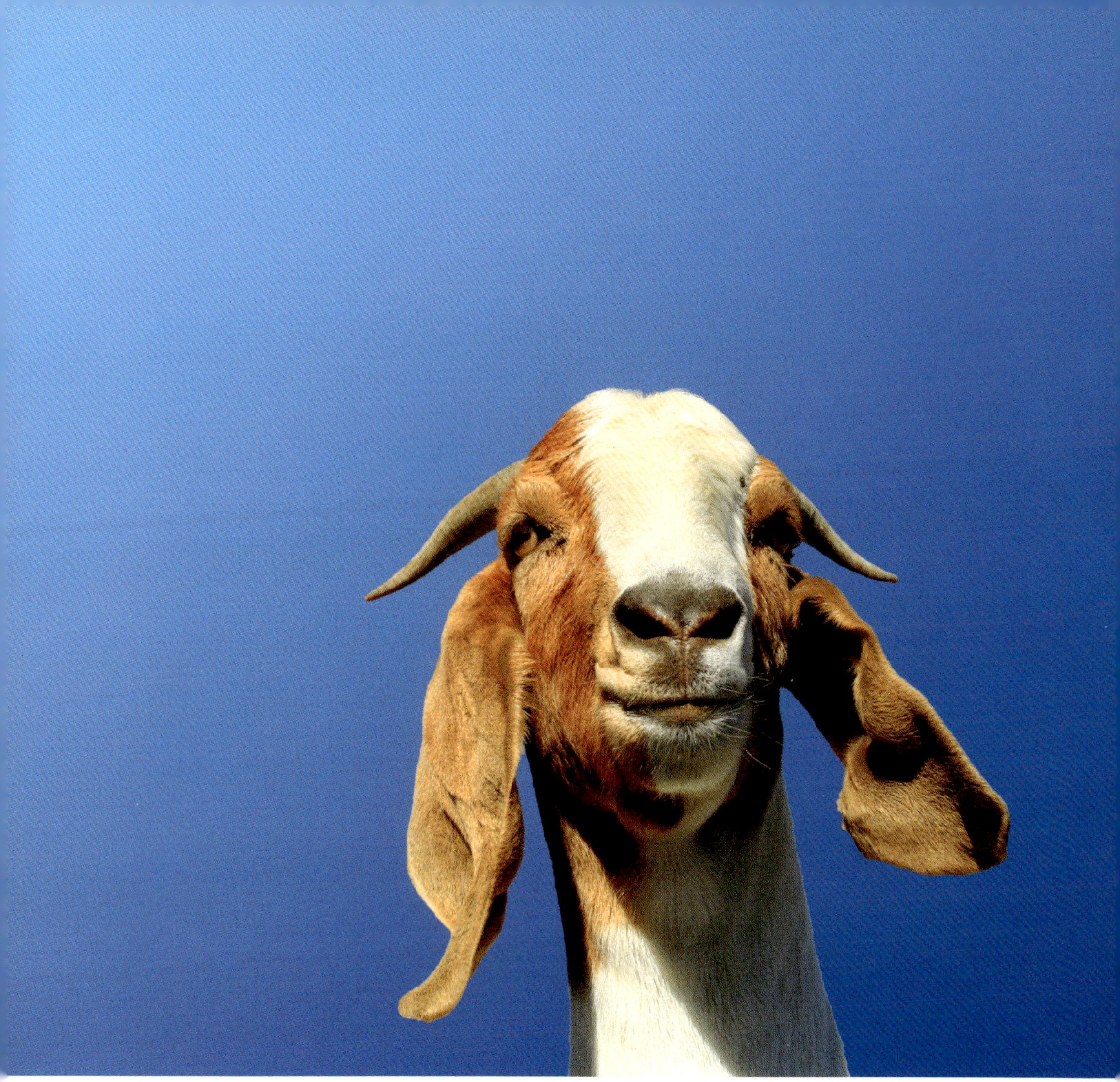

goat

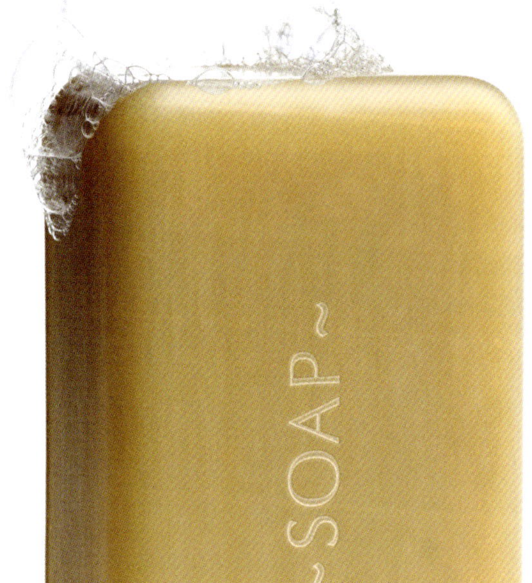

soap

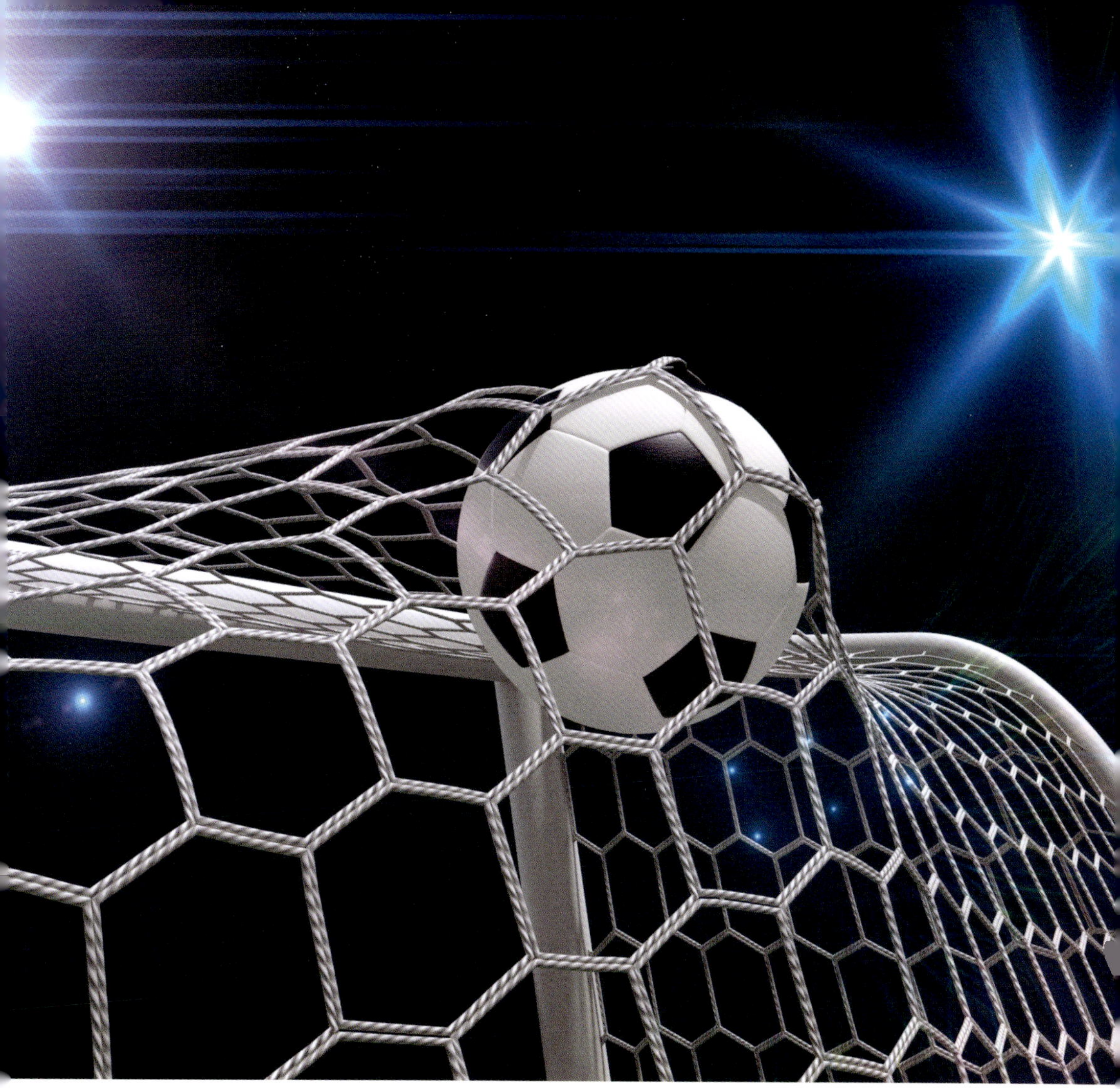

goal

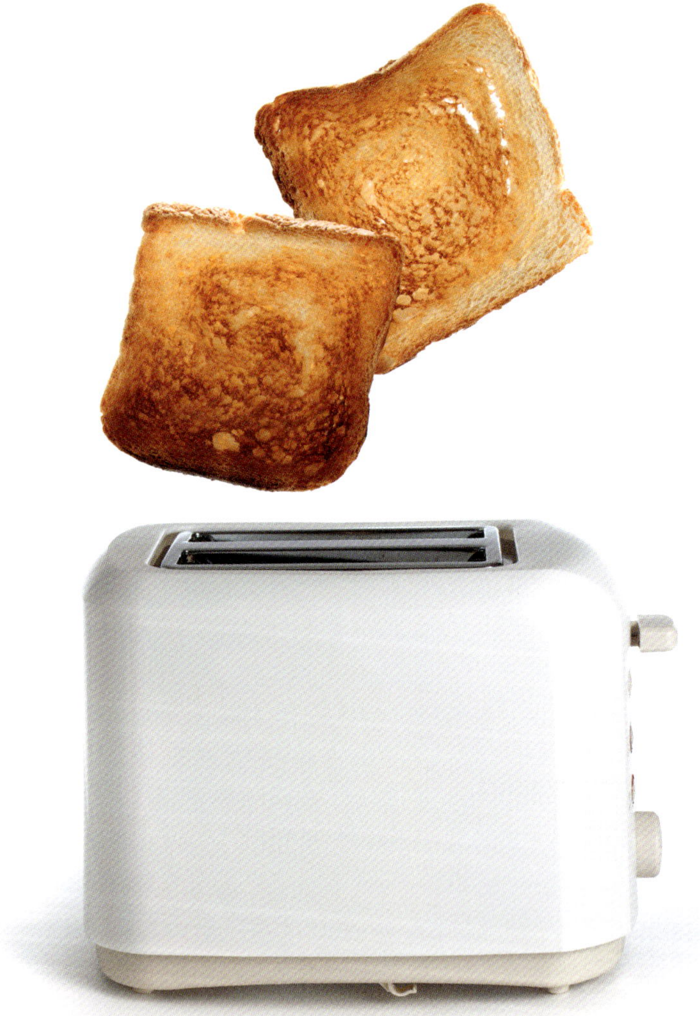

oa oa

oa oa

oa

coal

road

toad

boat

coat

goat

soap

goal